Inhaltsverzeichnis

Schmuckrahmen

Holger Buggenthin: Ausmalbilder zum Neuen Testament
© Persen Verlag, Buxtehude

DAS NEUE TESTAMENT

Holger Buggenthin: Ausmalbilder zum Neuen Testament
© Persen Verlag, Buxtehude

Mariä Verkündigung

Lukas 1,26-38

Blatt 2

Maria und Elisabeth

Lukas 1,39-45

Blatt 3

Jesu Geburt

Holger Buggenthin: Ausmalbilder zum Neuen Testament
© Persen Verlag, Buxtehude

Lukas 2,1-7

Blatt 4

Die Hirten auf dem Feld

Die Heiligen Drei Könige

Matthäus 2,1-12

Die Flucht nach Ägypten

Holger Buggenthin: Ausmalbilder zum Neuen Testament
© Persen Verlag, Buxtehude

Matthäus 2,13-15

Blatt 7

Jesus im Tempel

Lukas 2,41-52

Blatt 8

Johannes der Täufer

Holger Buggenthin: Ausmalbilder zum Neuen Testament
© Persen Verlag, Buxtehude

Lukas 3,1-20

Jesu Taufe

Die Versuchung Jesu

Die ersten Jünger

Holger Buggenthin: Ausmalbilder zum Neuen Testament
© Persen Verlag, Buxtehude

Matthäus 4,18-22

Blatt 12

Jesu Jüngerinnen

Die Hochzeit zu Kana

Holger Buggenthin: Ausmalbilder zum Neuen Testament
© Persen Verlag, Buxtehude

Johannes 2,1-11

Blatt 14

Die Heilung der Kranken

Holger Buggenthin: Ausmalbilder zum Neuen Testament
© Persen Verlag, Buxtehude

Lukas 4,38-44

Blatt 15

Die Bergpredigt

Holger Buggenthin: Ausmalbilder zum Neuen Testament
© Persen Verlag, Buxtehude

Matthäus 5,6,7

Blatt 16

Jesus beruhigt den Sturm

Persen | Holger Buggenthin: Ausmalbilder zum Neuen Testament
© Persen Verlag, Buxtehude

Lukas 8,22-25; Matthäus 8,23-27

Jesus und die Pharisäer

Persen Holger Buggenthin: Ausmalblätter zum Neuen Testament
© Persen Verlag, Buxtehude

Lukas 16,14-18

Sämann und Samen

Holger Buggenthin: Ausmalbilder zum Neuen Testament
© Persen Verlag, Buxtehude

Matthäus 13,1-9

Blatt 19

Weizen und Unkraut

Holger Buggenthin: Ausmalbilder zum Neuen Testament
© Persen Verlag, Buxtehude

Matthäus 13,24-30

Blatt 20

Der unbarmherzige Gläubiger

Holger Buggenthin: Ausmalbilder zum Neuen Testament
© Persen Verlag, Buxtehude

Matthäus 18,21-35

Blatt 21

Der barmherzige Samariter

Lukas 10,30-37

Blatt 22

Der gute Hirte

Johannes 10,1-30

Blatt 23

Der verlorene Sohn

Holger Buggenthin: Ausmalbilder zum Neuen Testament
© Persen Verlag, Buxtehude

Lukas 15,11-32

Blatt 24

Die Speisung der Fünftausend

Holger Buggenthin: Ausmalbilder zum Neuen Testament
© Persen Verlag, Buxtehude

Johannes 6,1-15

Jesu Salbung

Lukas 7,36-50

Jesus und Petrus

Holger Buggenthin: Ausmalbilder zum Neuen Testament
© Persen Verlag, Buxtehude

Matthäus 16,13-20

Blatt 27

Einzug in Jerusalem

Holger Buggenthin: Ausmalbilder zum Neuen Testament
© Persen Verlag, Buxtehude

Johannes 12,12-19; Lukas 19,28-40

Blatt 28

Die Tempelreinigung

Holger Buggenthin: Ausmalbilder zum Neuen Testament
© Persen Verlag, Buxtehude

Matthäus 21,12-17

Blatt 29

Die Auferstehung des Lazarus

Johannes 11,1-45

Das letzte Abendmahl

Holger Buggenthin: Ausmalbilder zum Neuen Testament
© Persen Verlag, Buxtehude

Lukas 22,7-23; Johannes 13,1-30

Jesu Gefangennahme

Holger Buggenthin: Ausmalbilder zum Neuen Testament
© Persen Verlag, Buxtehude

Lukas 22,47-53

Blatt 32

Jesus vor Pilatus

Holger Buggenthin: Ausmalbilder zum Neuen Testament
© Persen Verlag, Buxtehude

Lukas 23,1-5; Johannes 18,28-40

Blatt 33

Jesu Kreuzigung

Lukas 23,32-49

Die Auferstehung

Der ungläubige Thomas

Christi Himmelfahrt

Die Ausschüttung des Heiligen Geistes

Vater unser im Himmel,

_____

_____

_____

_____

_____

_____

_____

_____

_____

_____

_____

Das Glaubensbekenntnis

Holger Buggenthin: Ausmalbilder zum Neuen Testament
© Persen Verlag, Buxtehude